this book belongs to:

_________________________

# A is for Apple

# B is for Ball

B B B B B B B

B B B B B B B

B B B B B B B

B B B B B B B

B B B B B B B

B B B B B B B

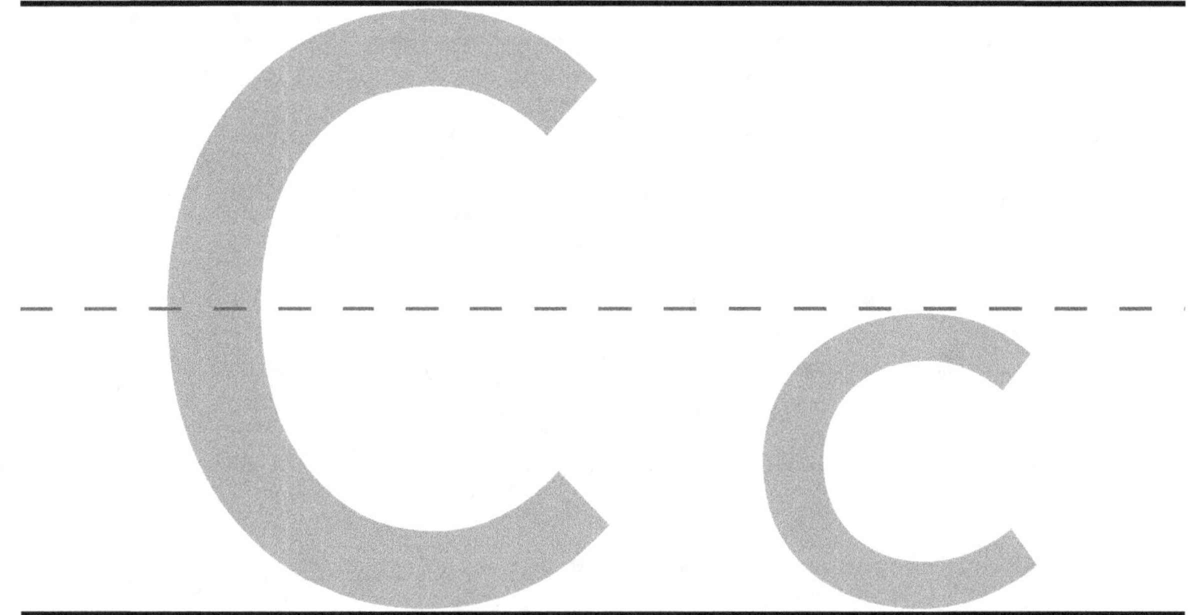


C is for Cat

C C C C C C C

C C C C C C C

C C C C C C C

C C C C C C C

C C C C C C C

C C C C C C C

# Dog

# Dd

# D d

# D is for Dog

d d d d d d d

d d d d d d d

d d d d d d d

d d d d d d d

d d d d d d d

**E is for Elephant**

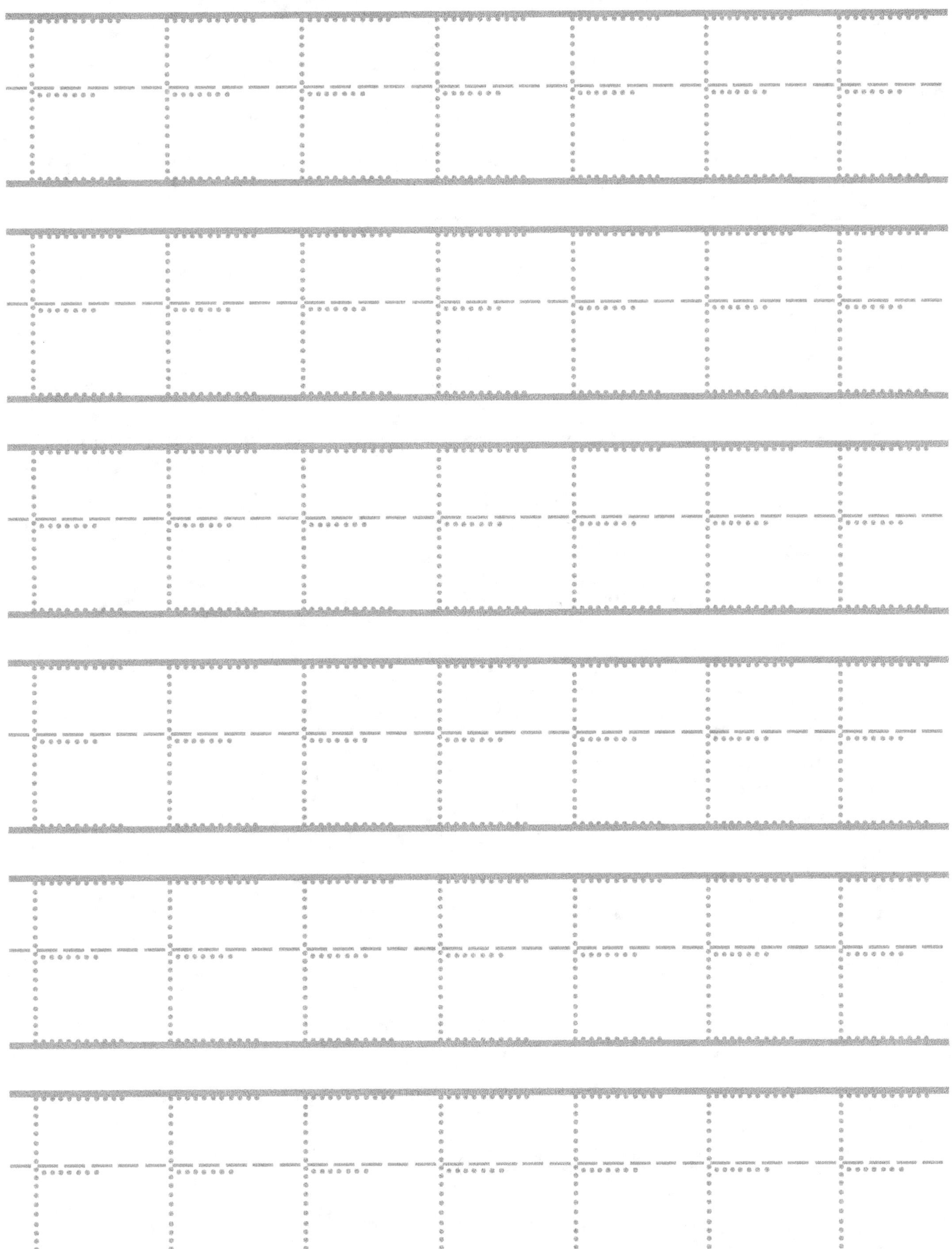

e e e e e e e

e e e e e e e

e e e e e e e

e e e e e e e

e e e e e e e

e e e e e e e

Fox

**Ff**

# F is for Fox

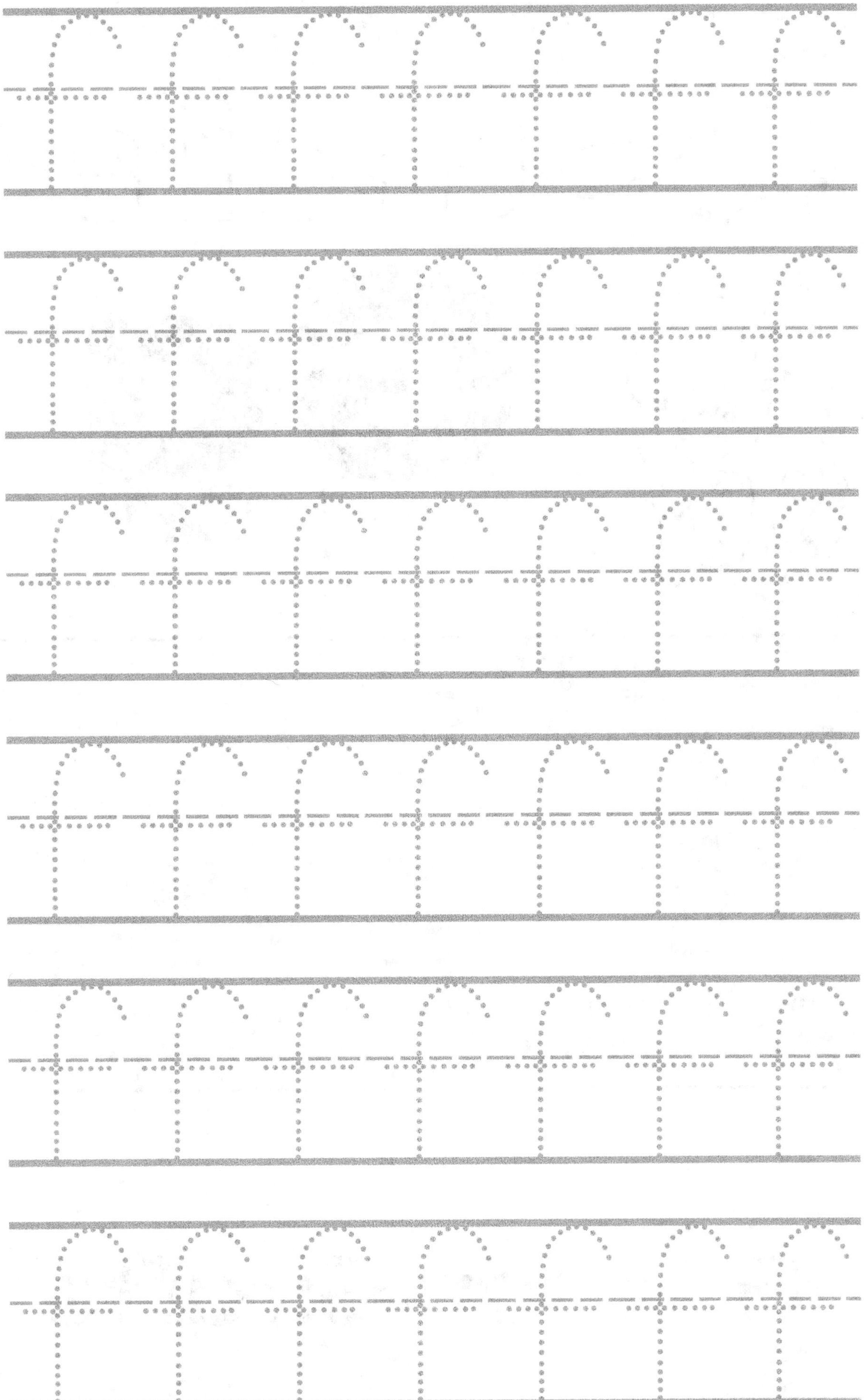

# Giraffe

# Gg

# G is for Giraffe

G G G G G G G
G G G G G G G
G G G G G G G
G G G G G G G
G G G G G G G
G G G G G G G

g g g g g g g

g g g g g g g

g g g g g g g

g g g g g g g

g g g g g g g

# H is for Horse

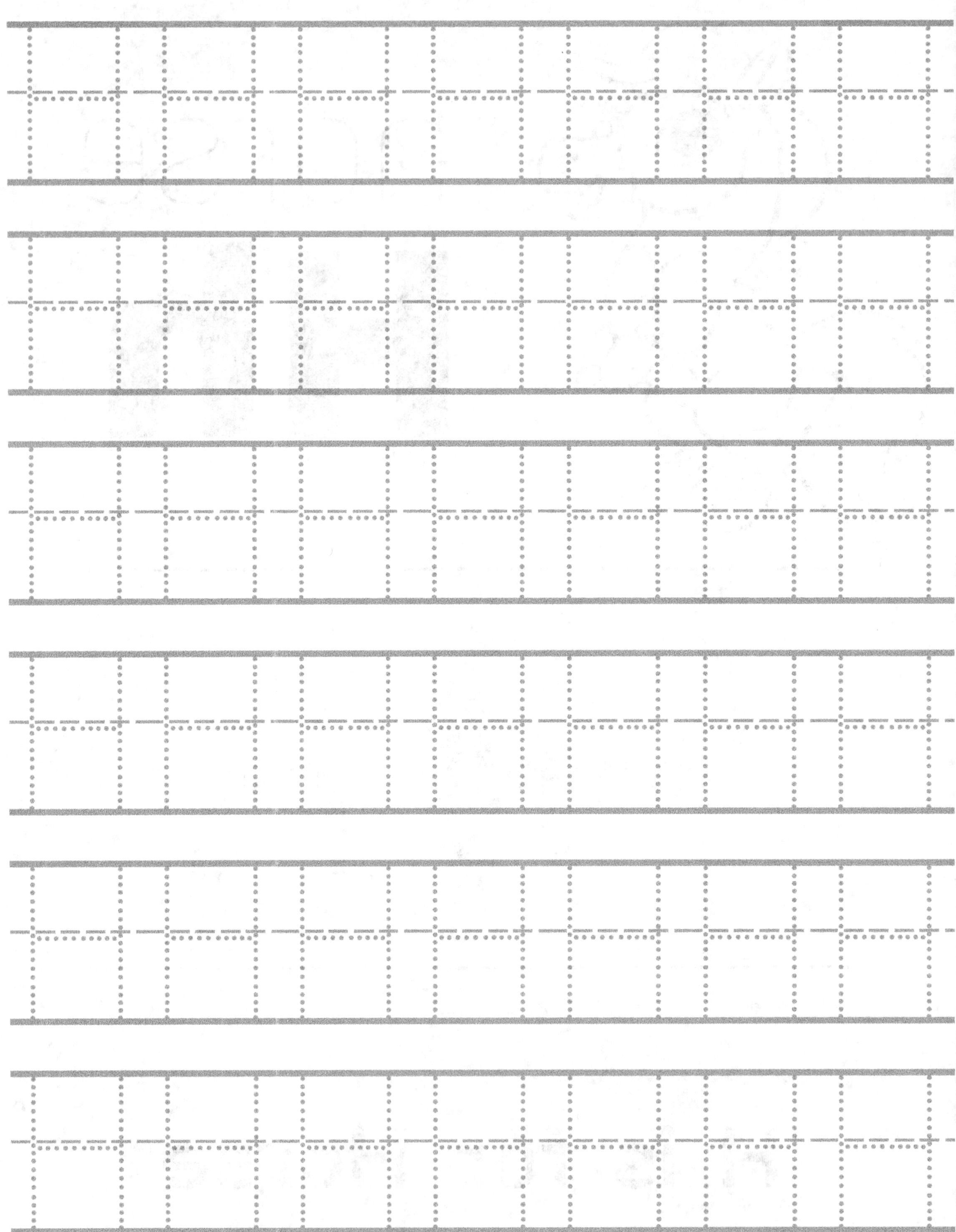

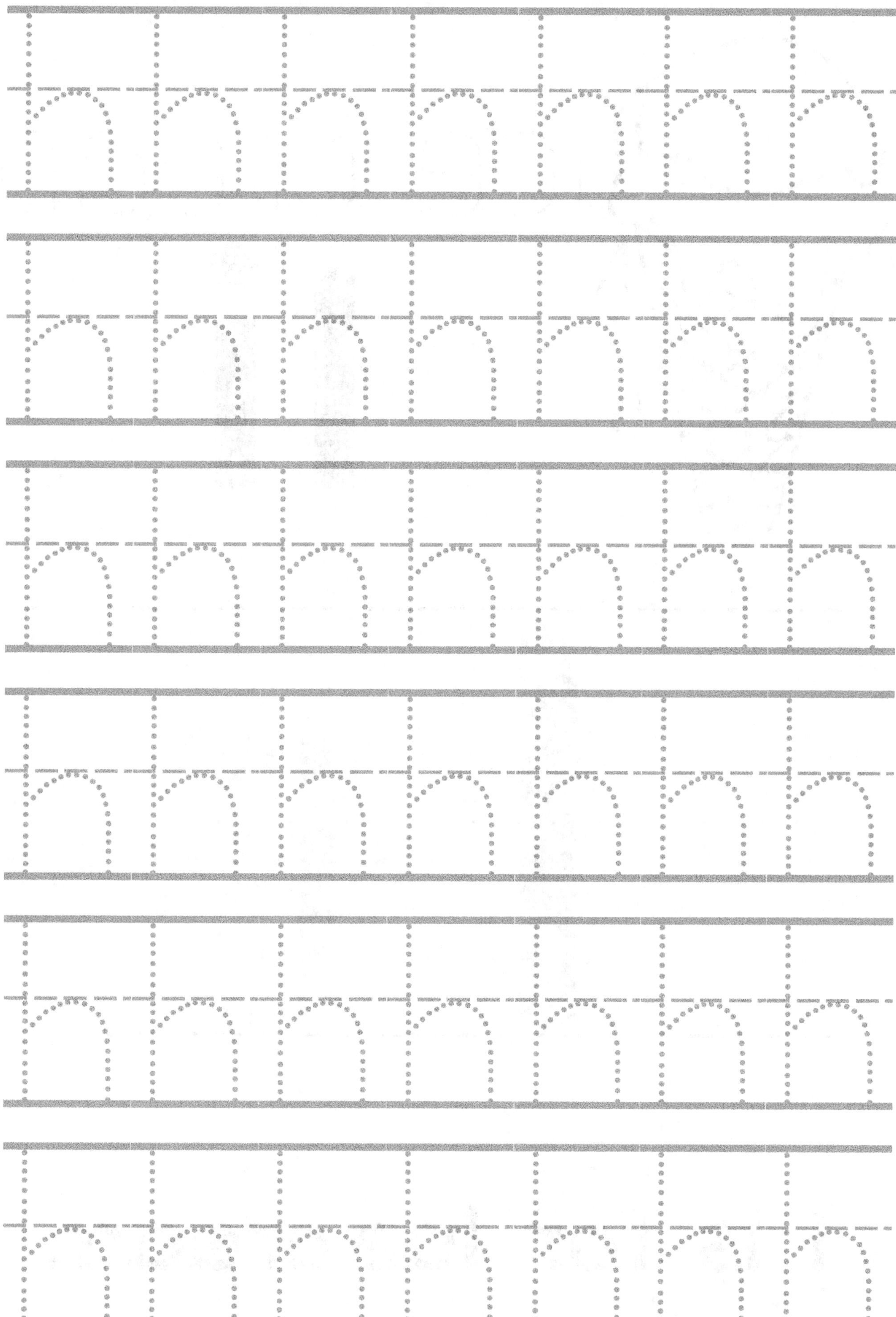

# I is for Ice cream

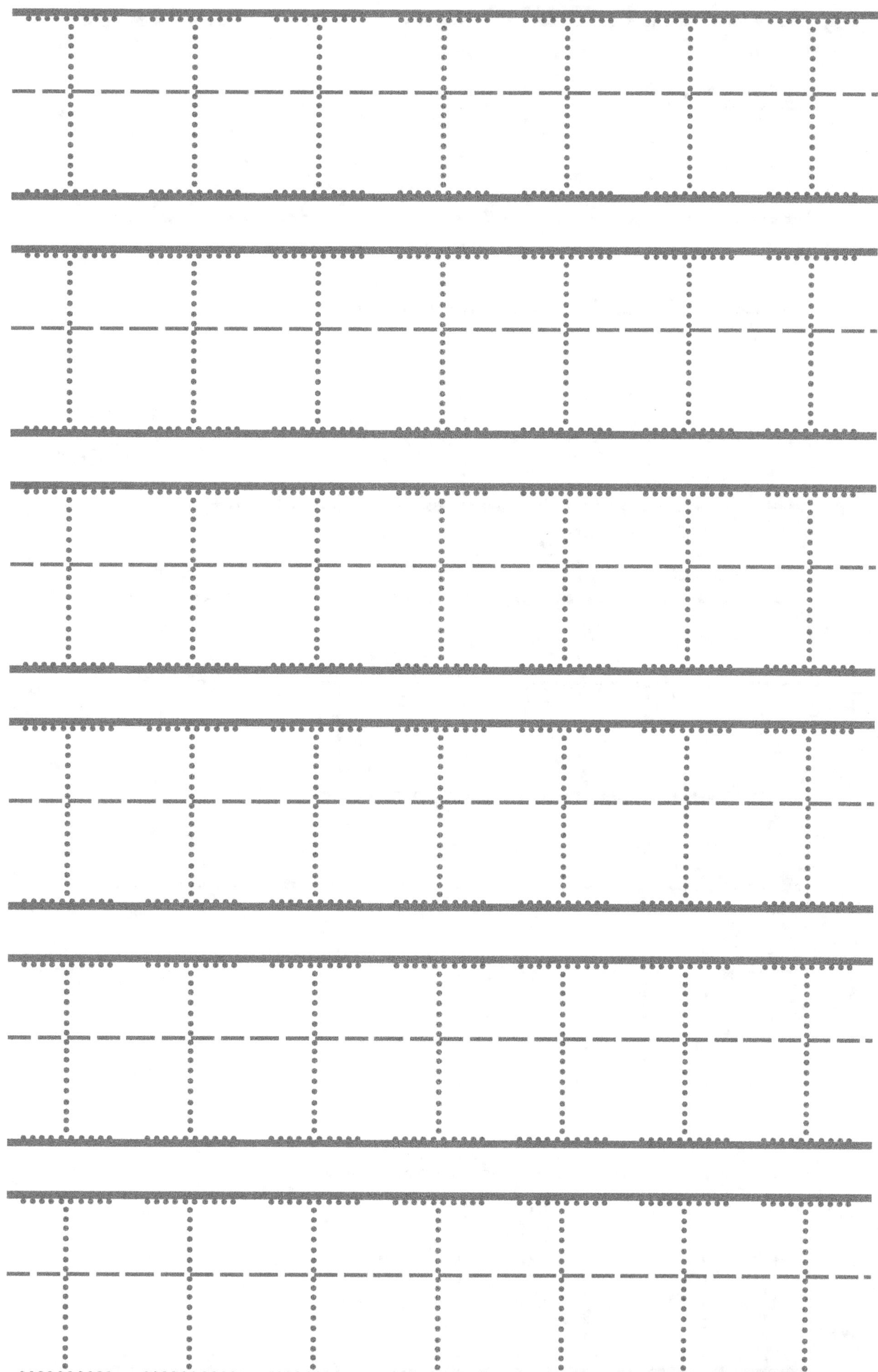

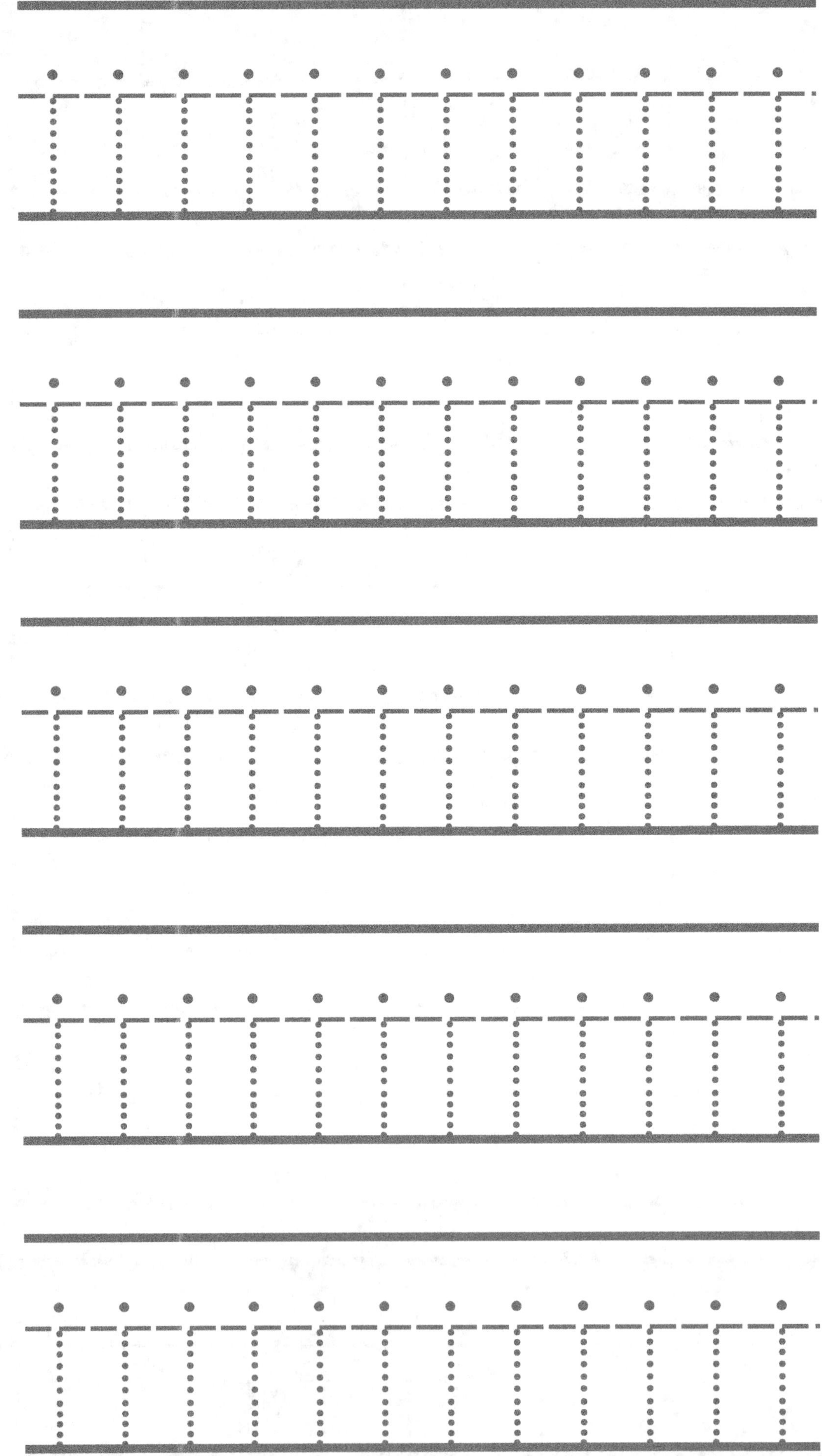

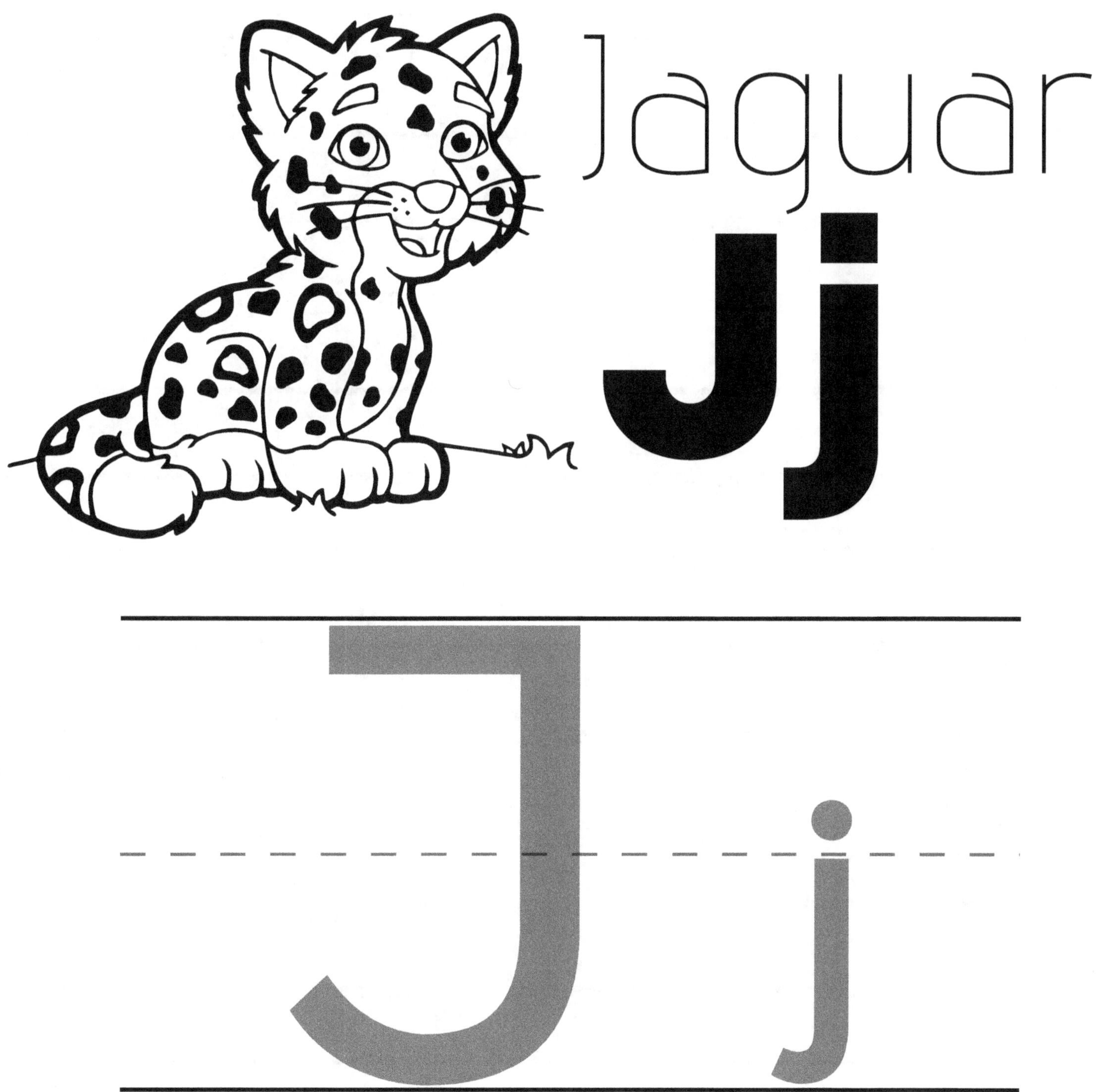

Jaguar
Jj
J j
J is for Jaguar

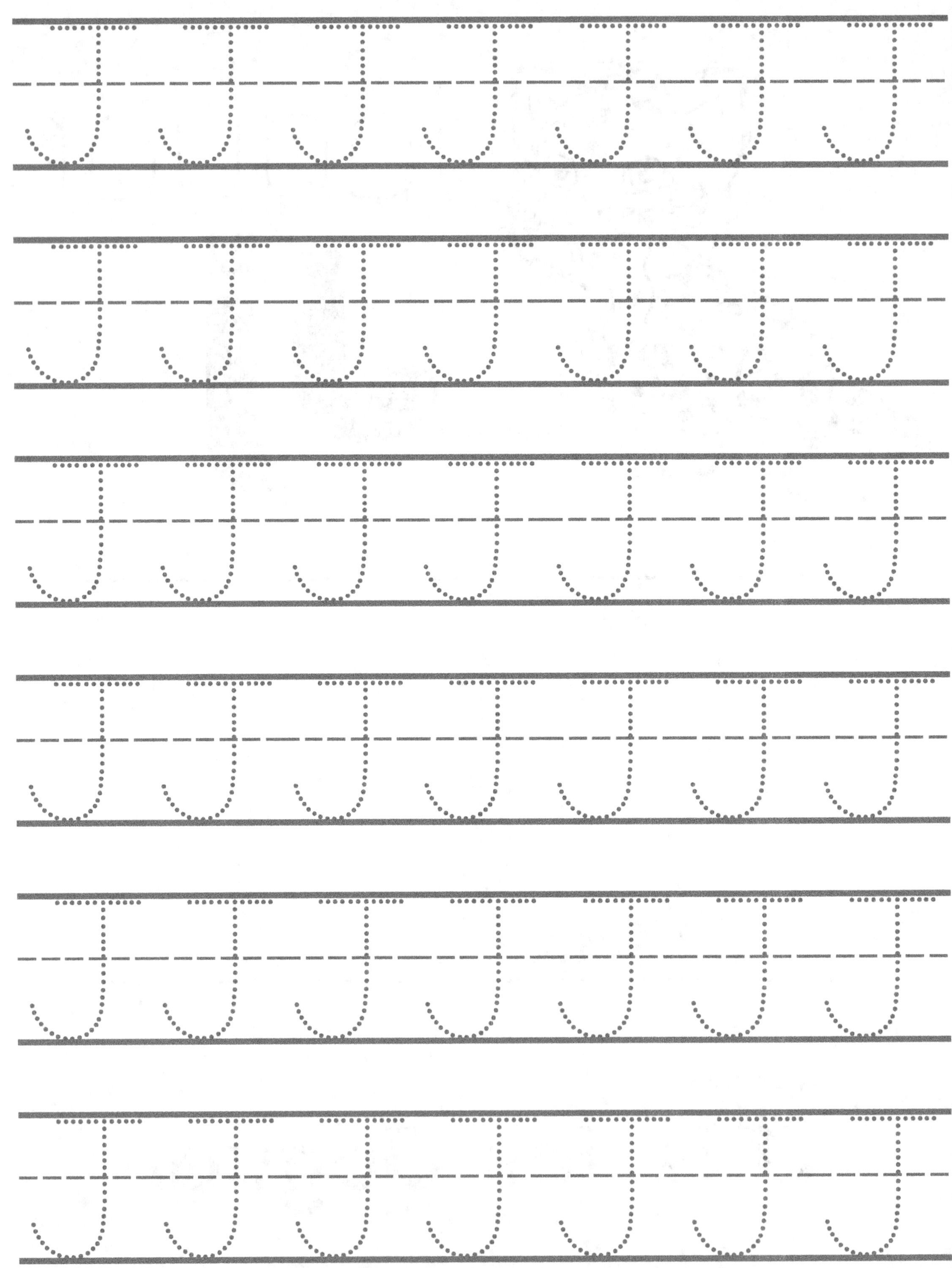

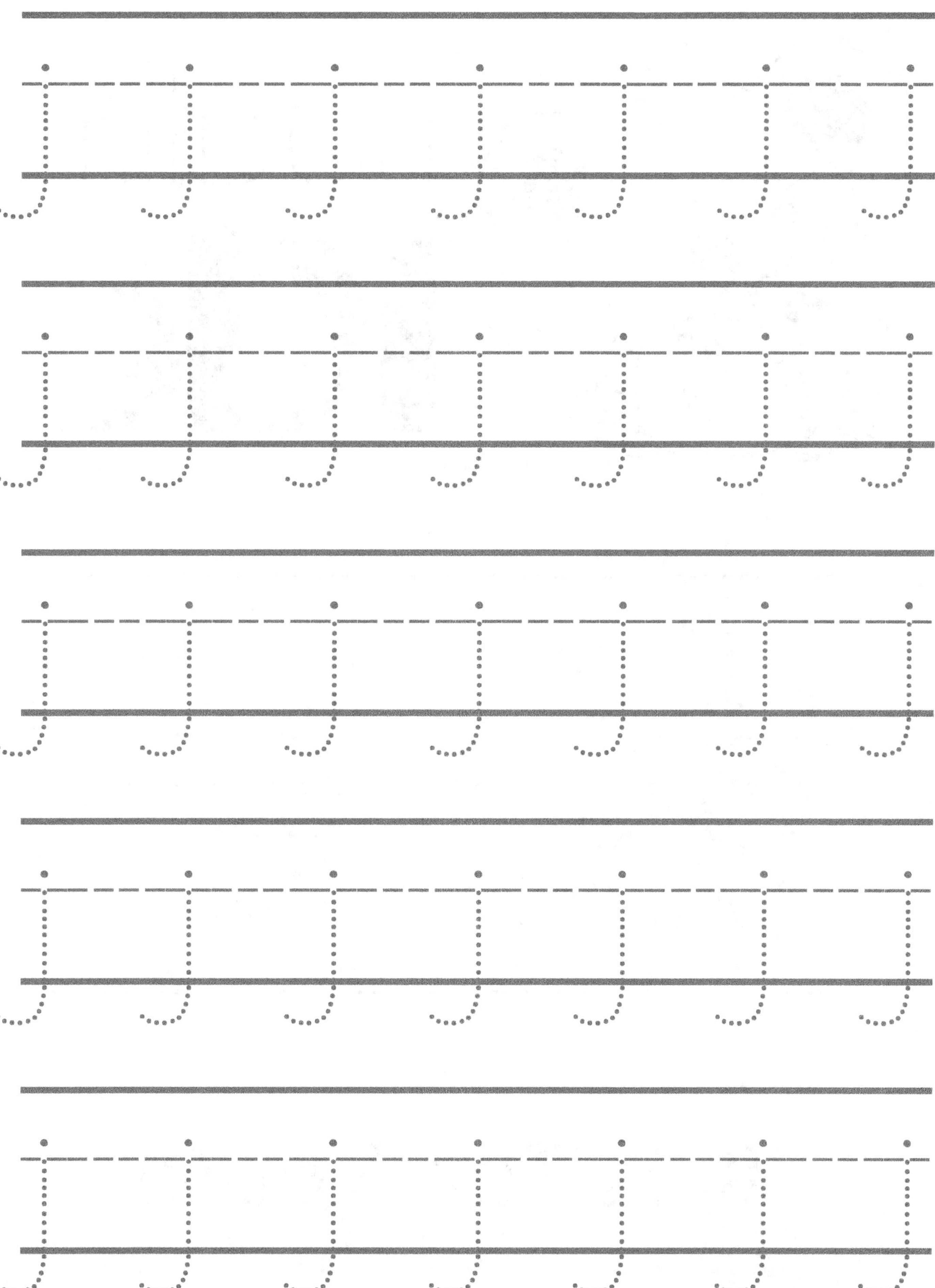

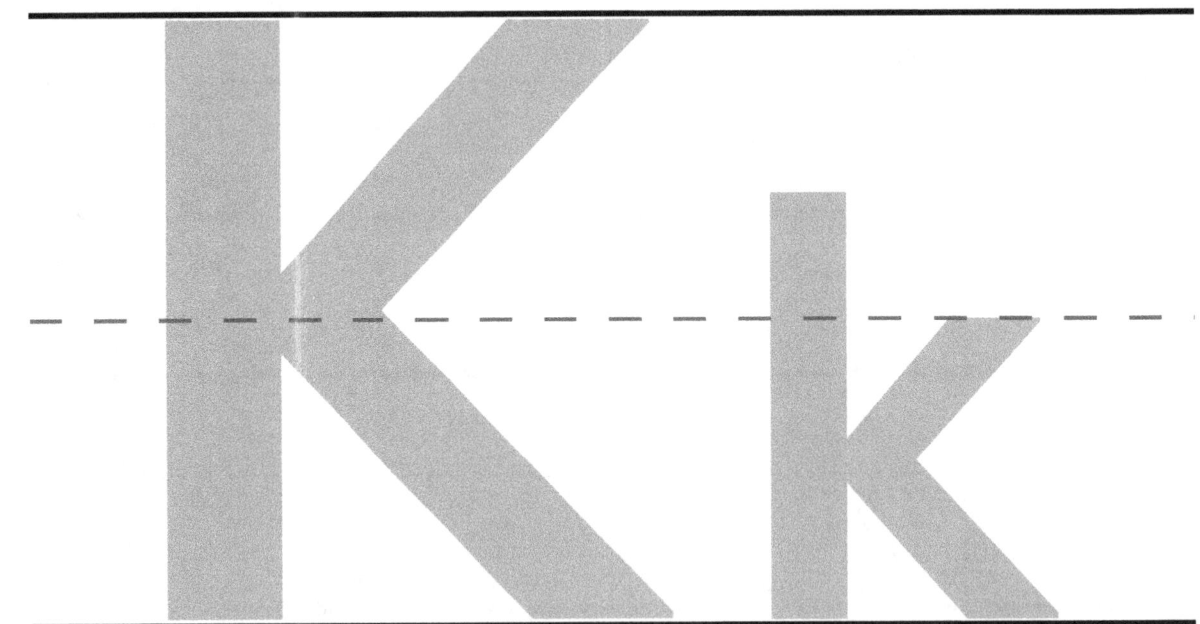

# K is for Koala

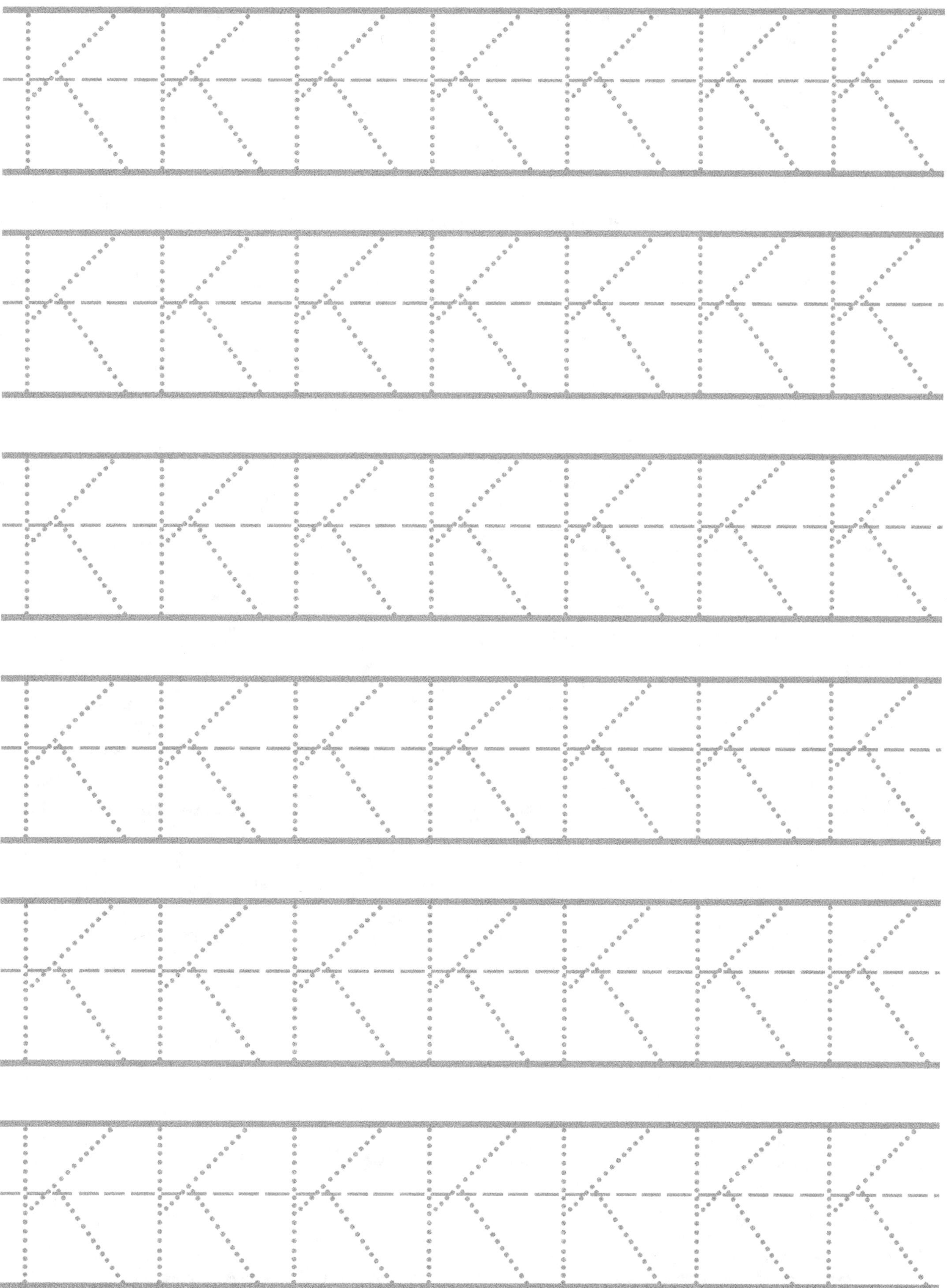

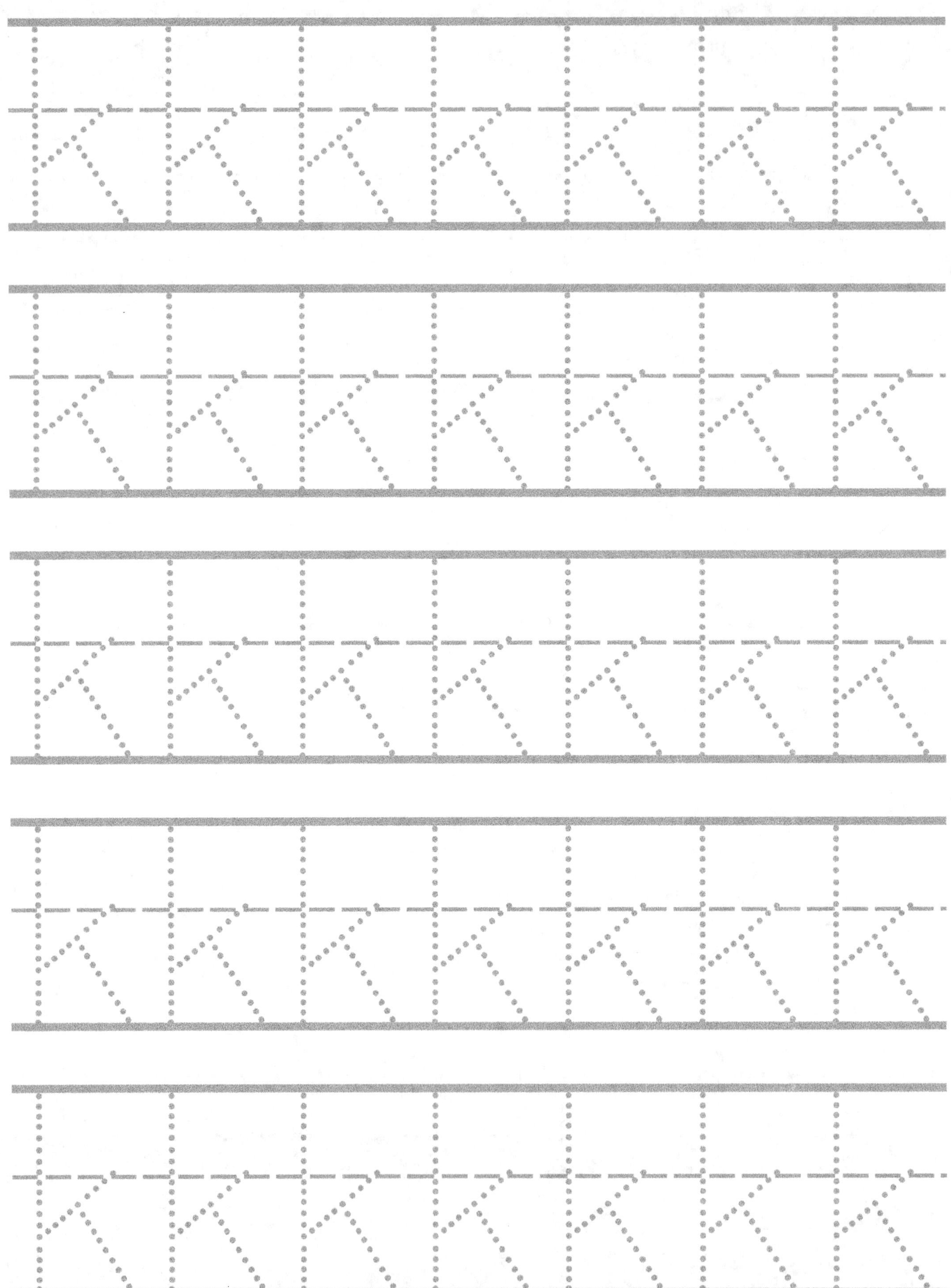

# L is for Lion

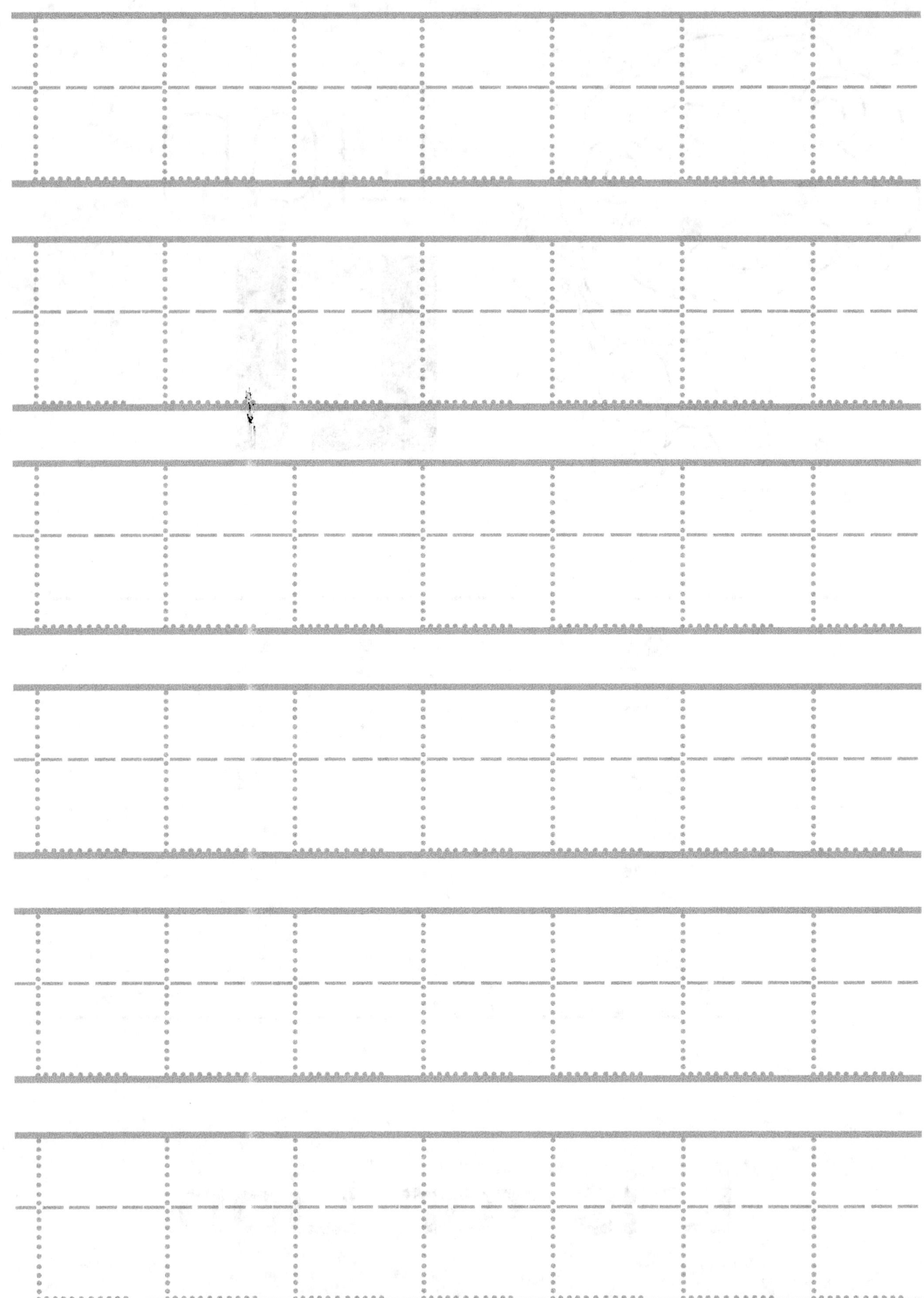

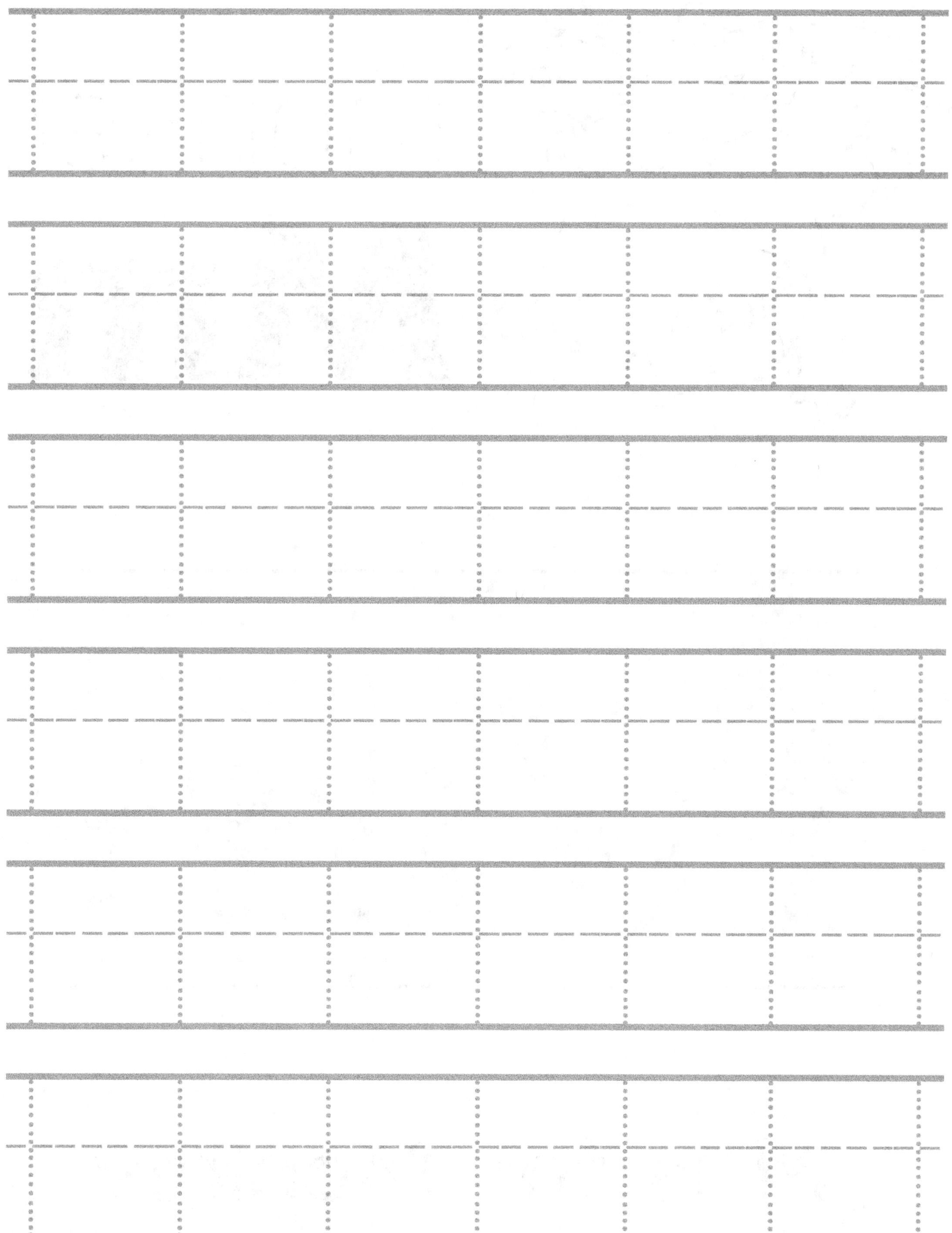

# Mm

## M is for Monkey

M M M M M M M M M M

M M M M M M M M M M

M M M M M M M M M M

M M M M M M M M M M

M M M M M M M M M M

M M M M M M M M M M

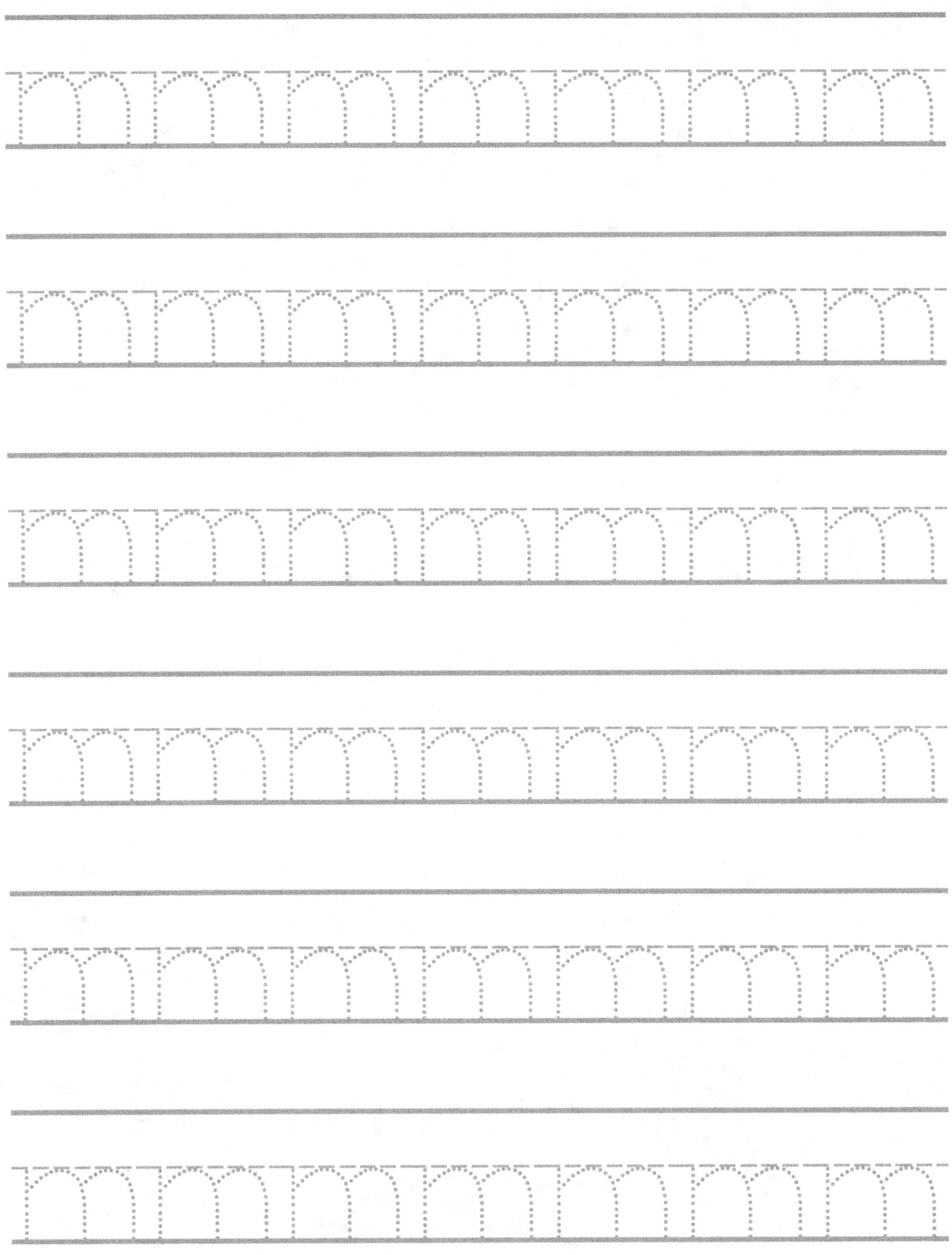

# N is for Nest

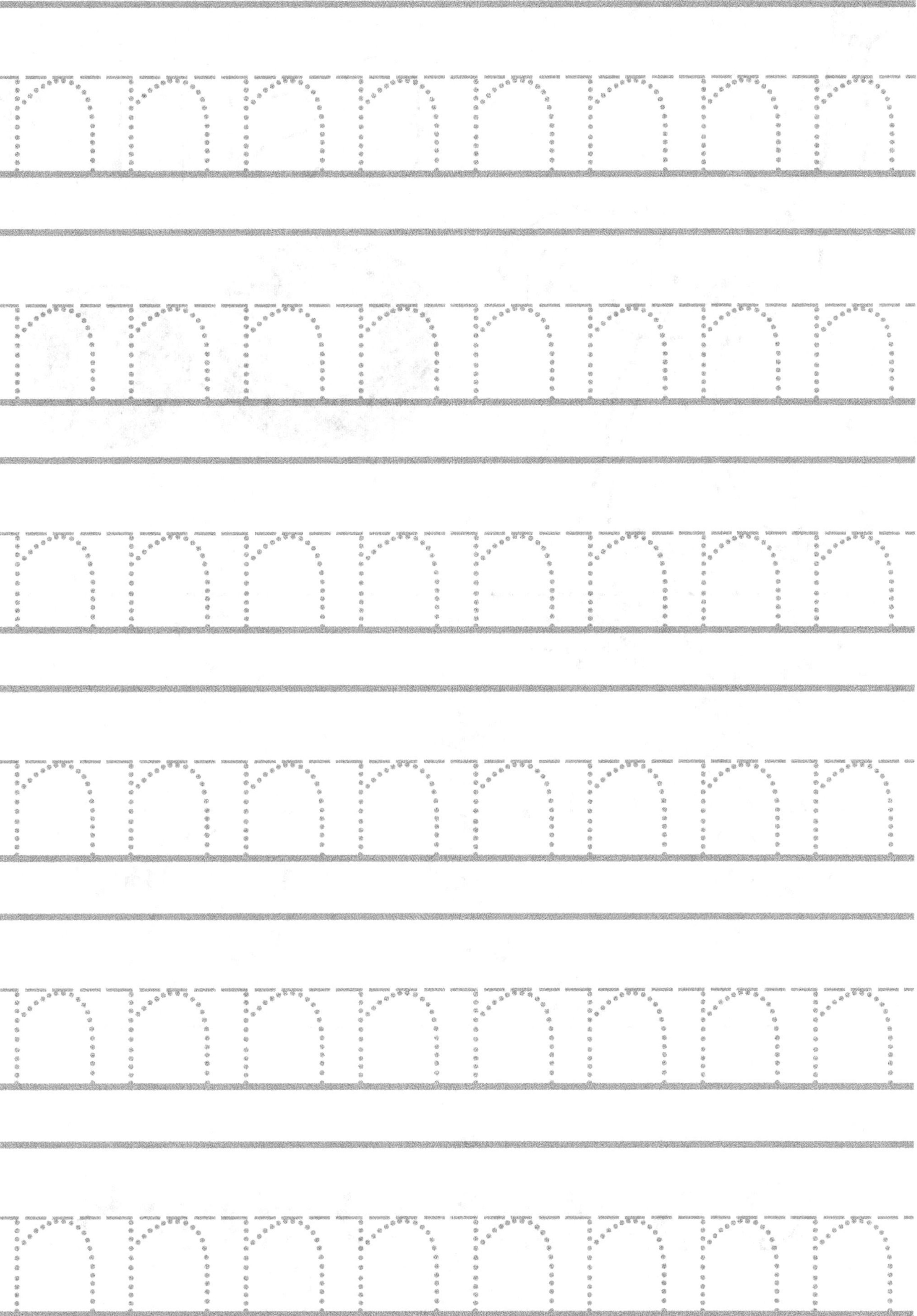

# Ostrich

# Oo

# O is for Ostrich

# P is for Panda

p p p p p p p

p p p p p p p

p p p p p p p

p p p p p p p

p p p p p p p

p p p p p p p

p p p p p p p

p p p p p p p

p p p p p p p

p p p p p p p

p p p p p p p

p p p p p p p

p p p p p p p

p p p p p p p

p p p p p p p

# Quail

# Qq

# Qq

# Q is for Quail

a a a a a a a a

a a a a a a a a

a a a a a a a a

a a a a a a a a

a a a a a a a a

a a a a a a a a

Rabbit

**Rr**

R is for Rabbit

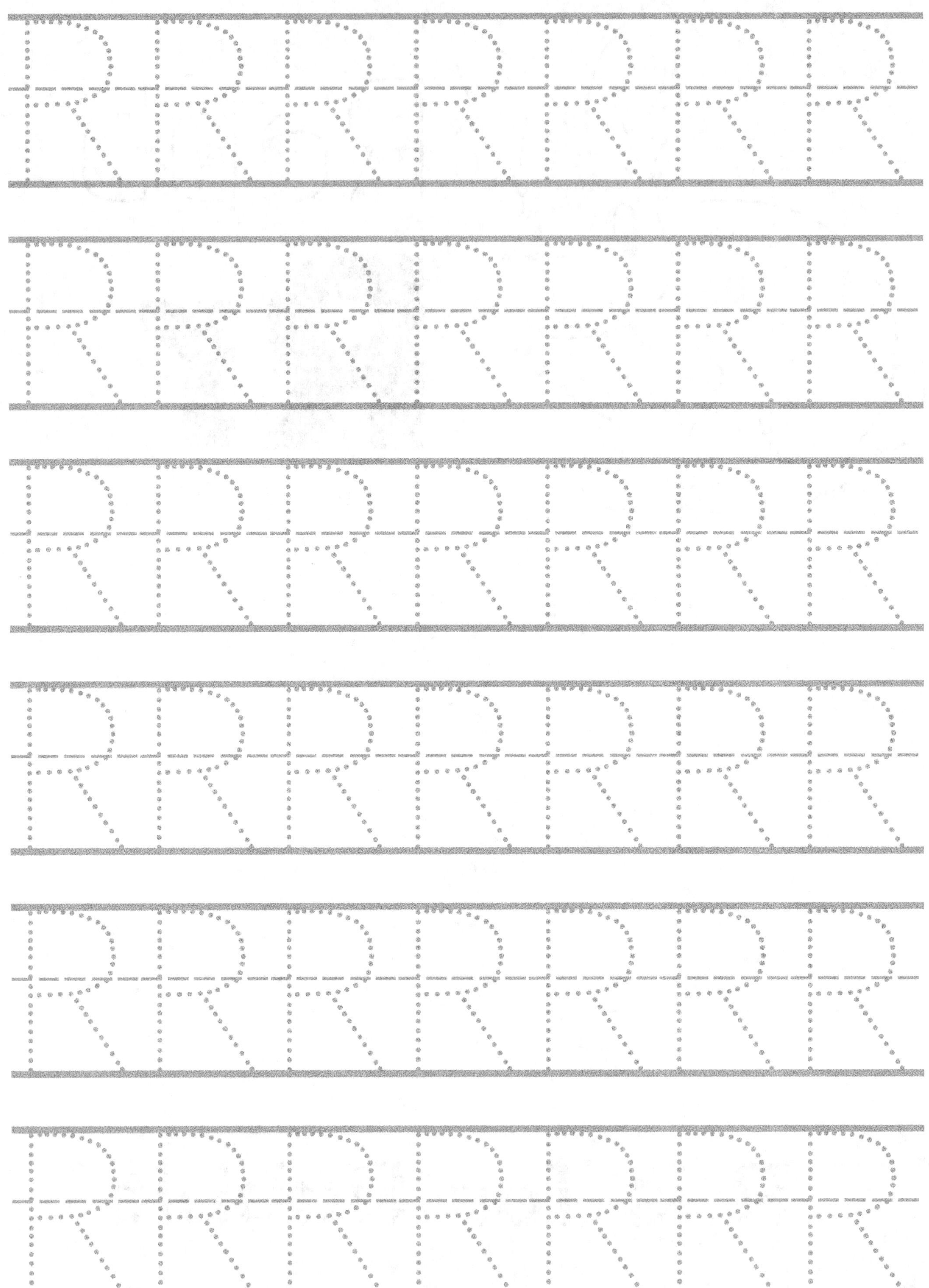

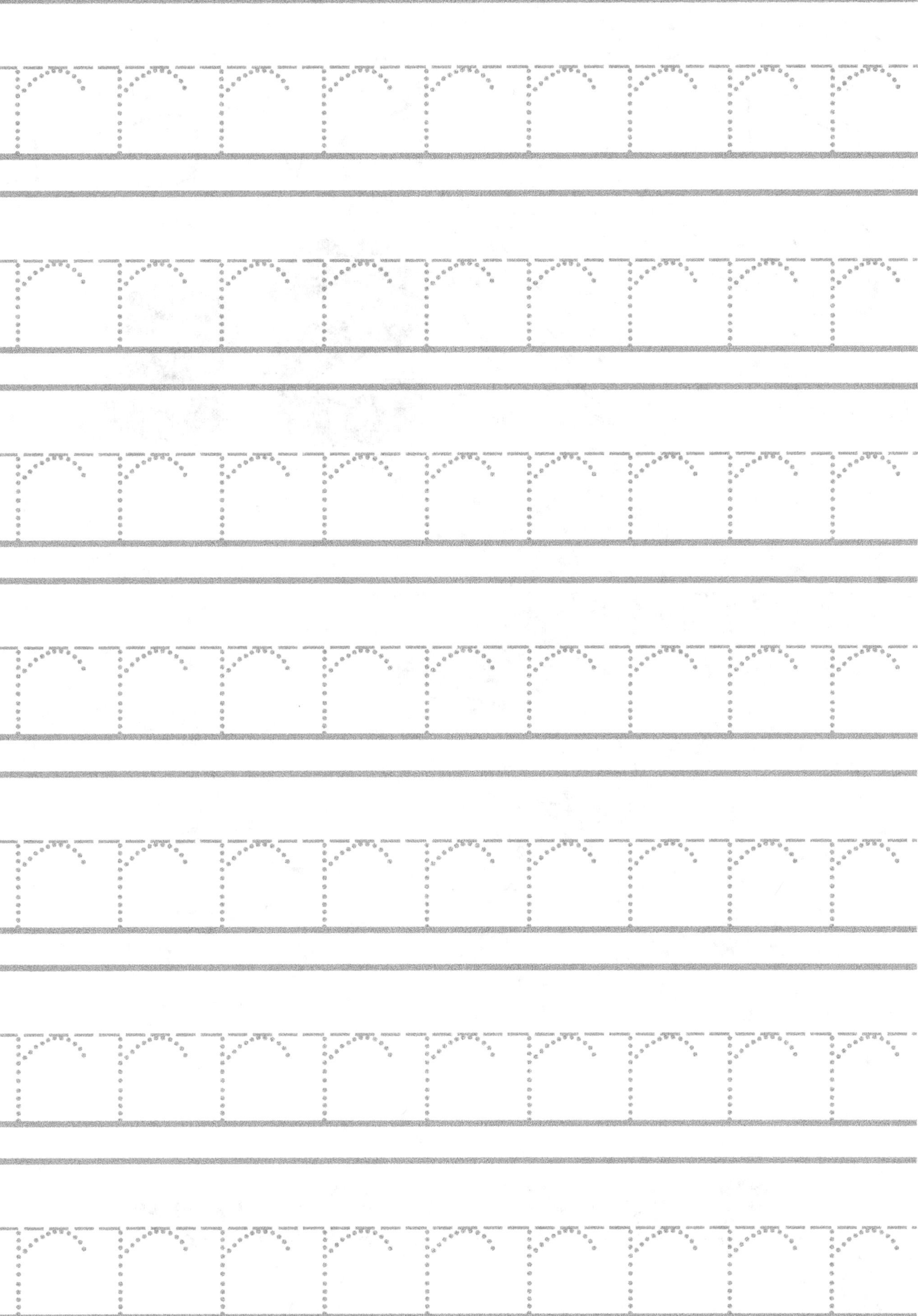

Swan

# Ss

S s

# S is for Swan

S S S S S S S S S

S S S S S S S S S

S S S S S S S S S

S S S S S S S S S

S S S S S S S S S

S S S S S S S S S

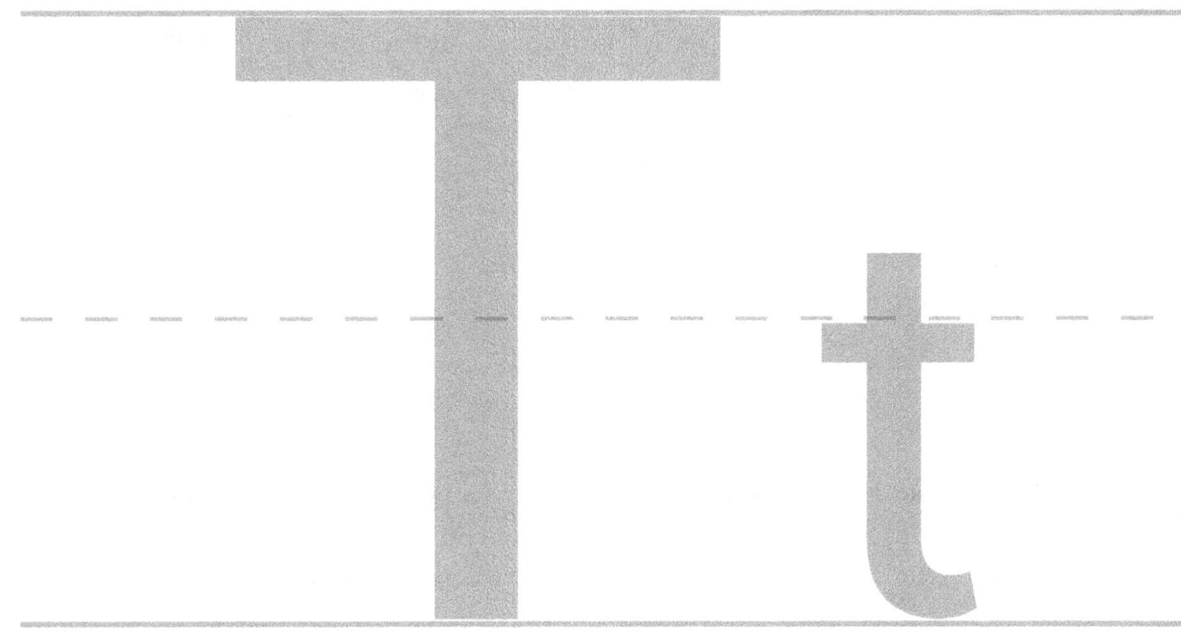


# T is for Tiger

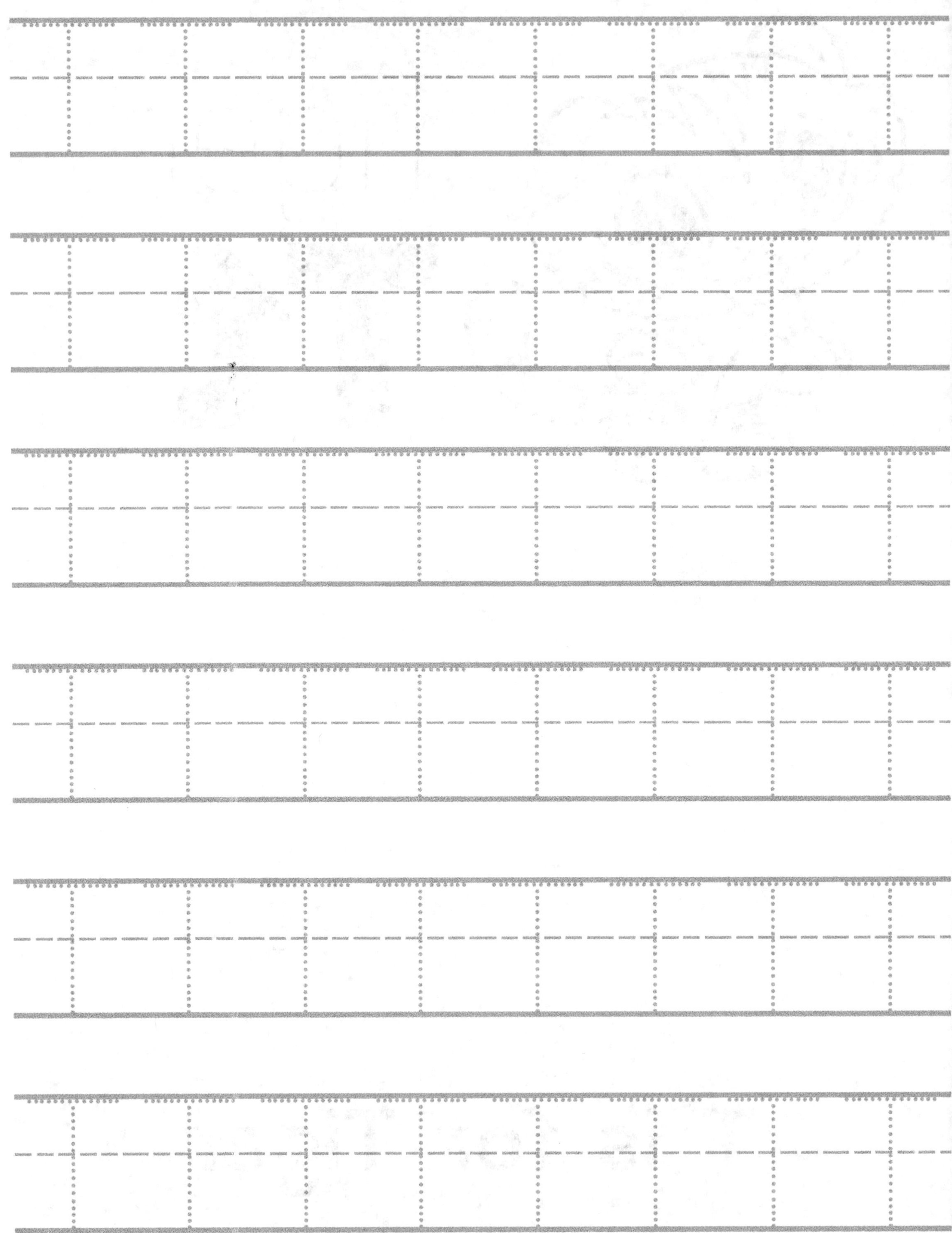

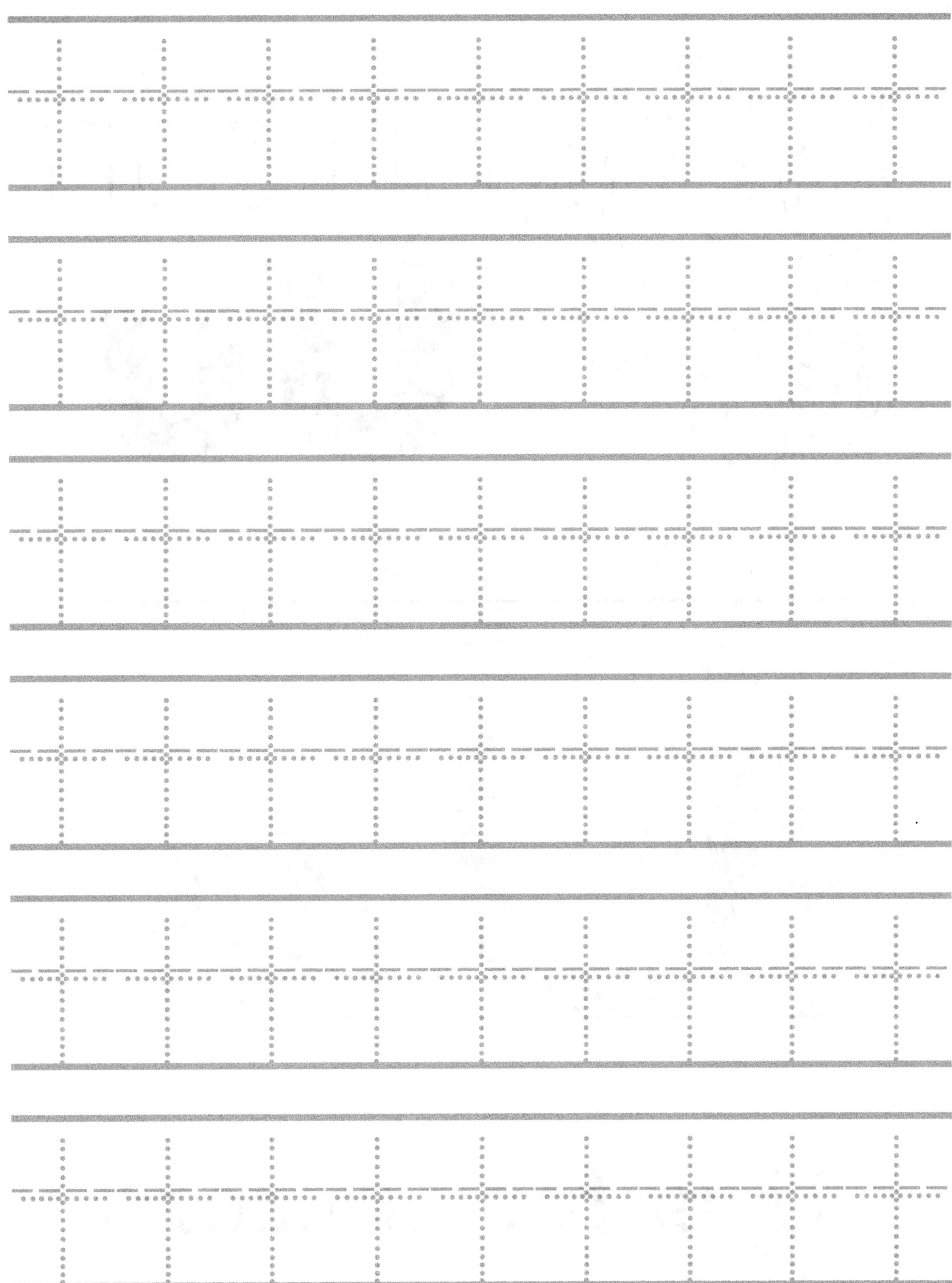

# U is for Unicorn

U U U U U U

U U U U U U

U U U U U U

U U U U U U

U U U U U U

U U U U U U

U U U U U U

# Violin

# Vv

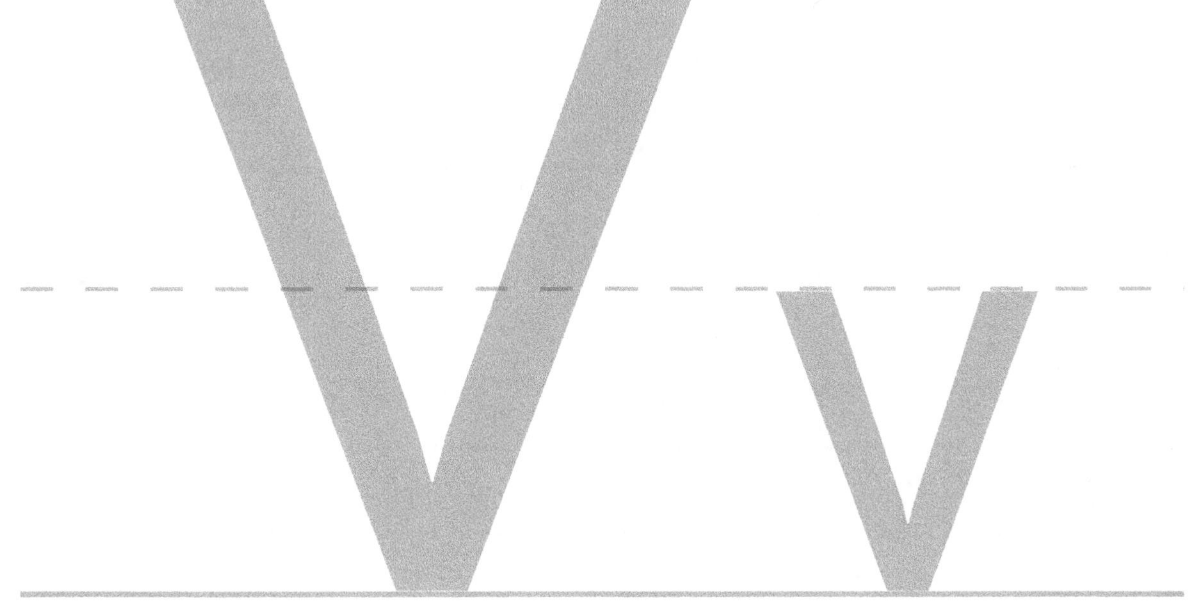

# V is for Violin

# W is for Walrus

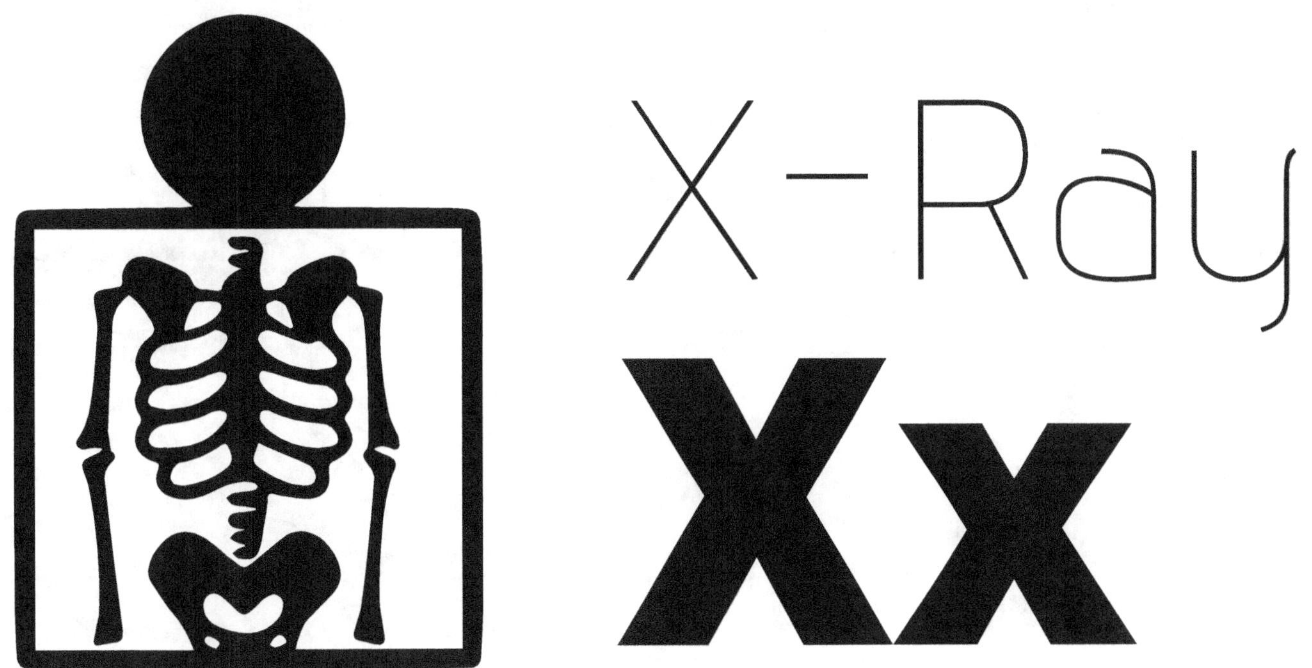

# X is for X-Ray

# Y is for Yak

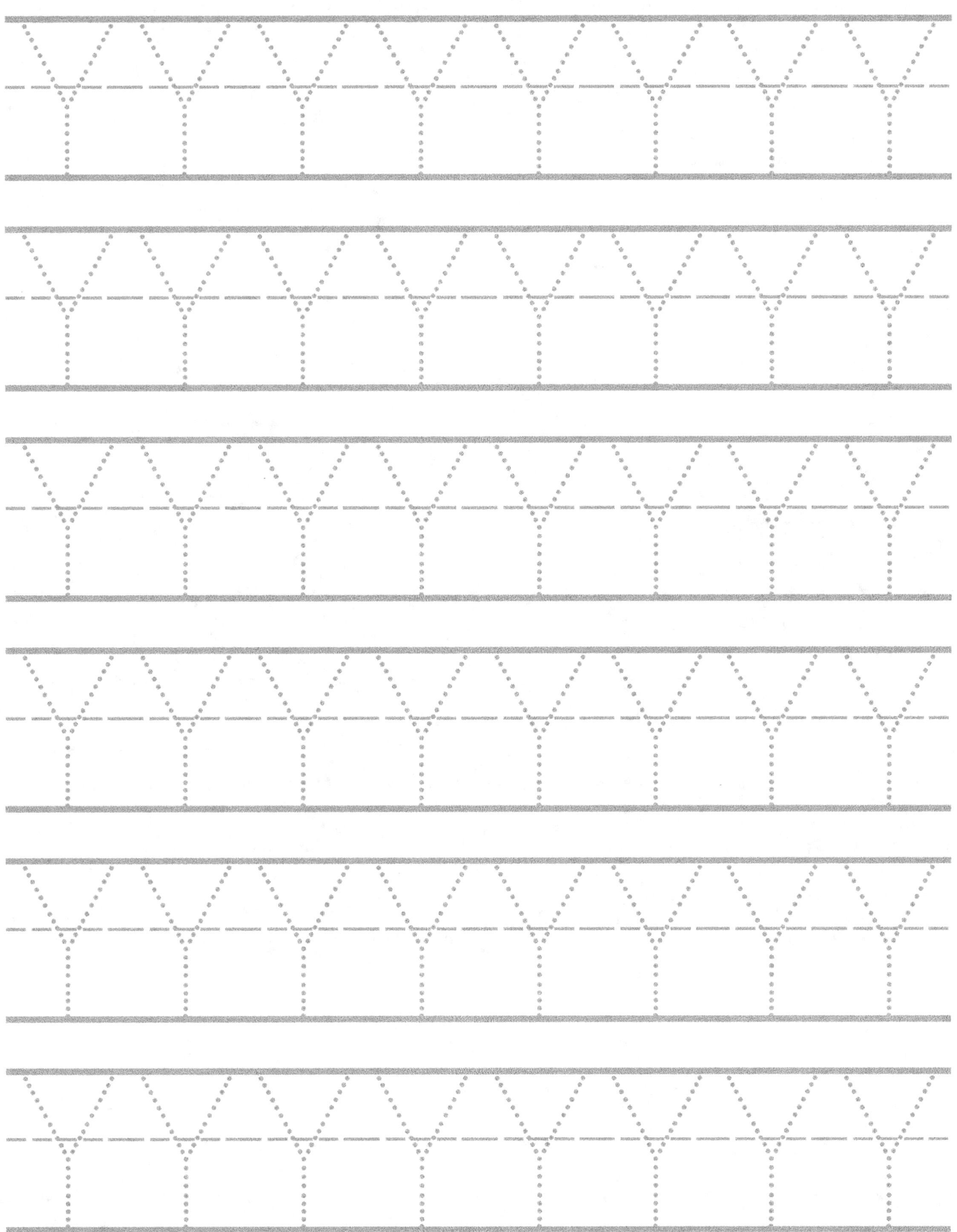

# Z is for Zebra

NUMBERS
1 ... 20

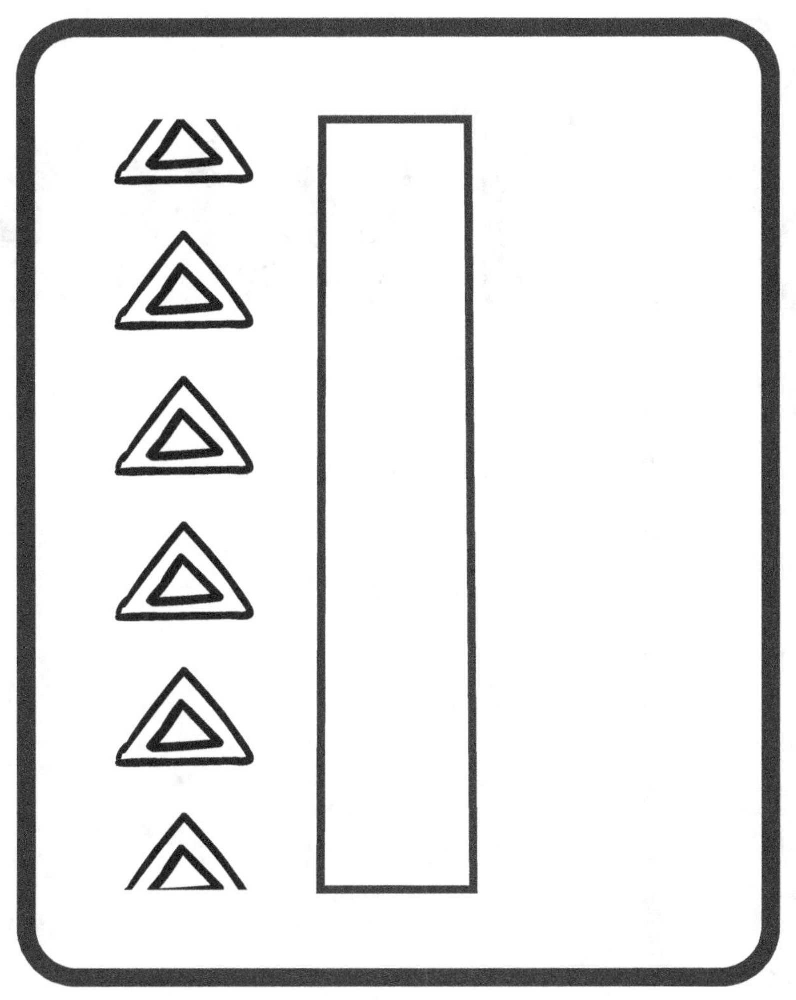

One

# Two

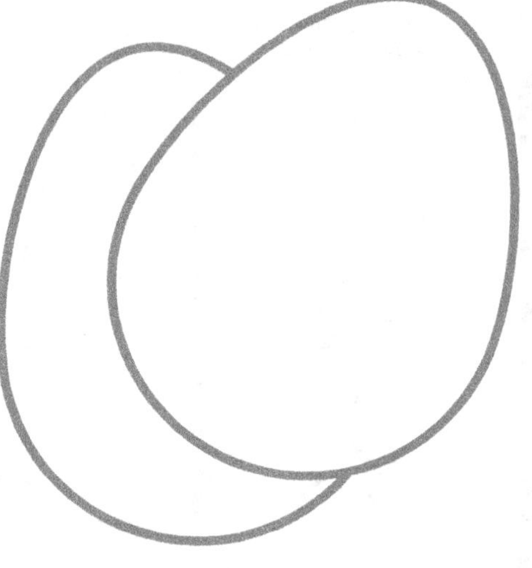

# Three

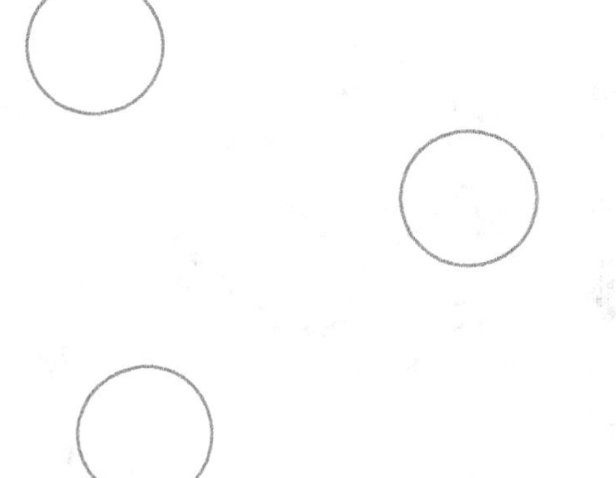

# Four

# Five

Six

# Seven

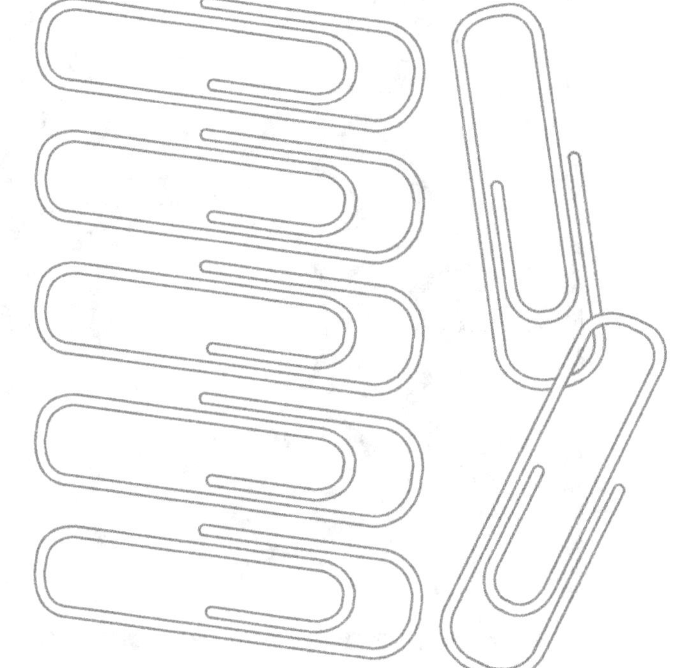

# Eight

# Nine

# Ten

# Eleven

# Twelve

# Thirteen

# Fourteen

# Fifteen

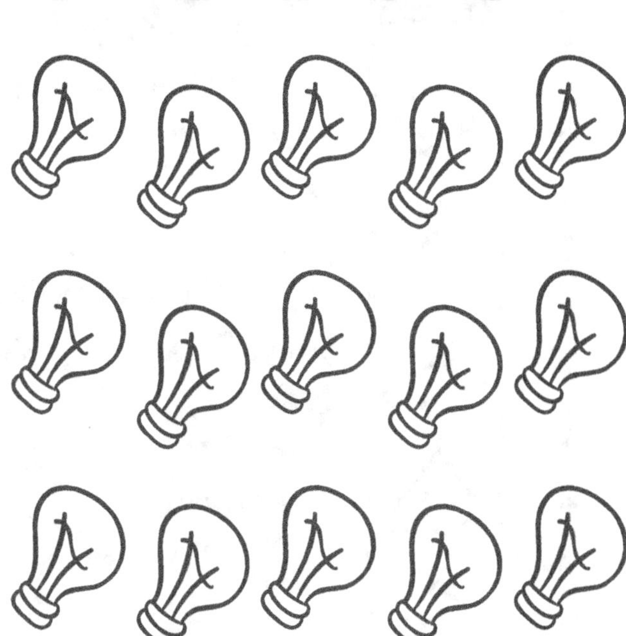

# Sixteen

# Seventeen

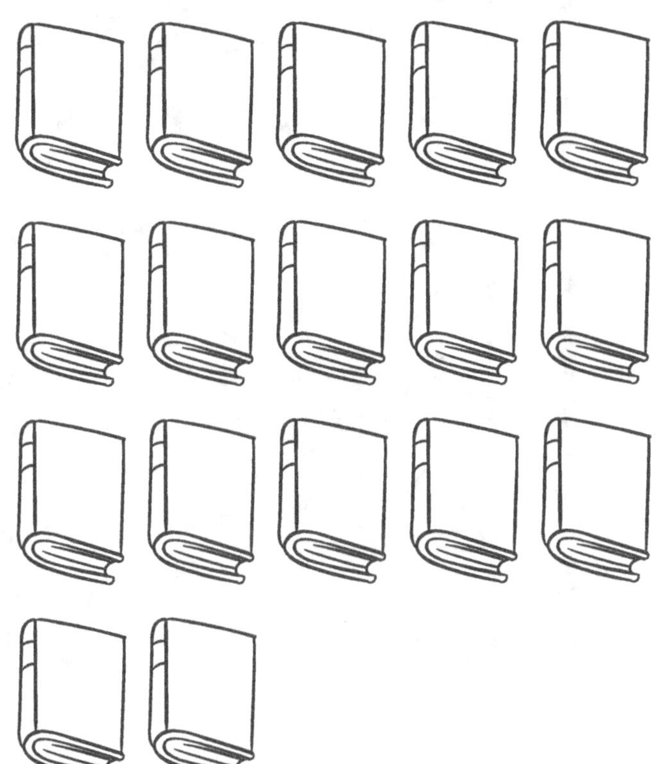

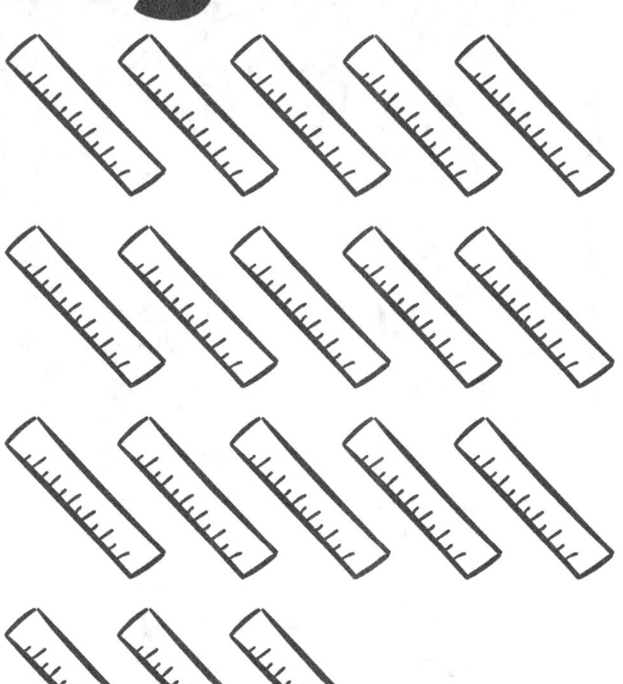

# Eighteen

# Nineteen

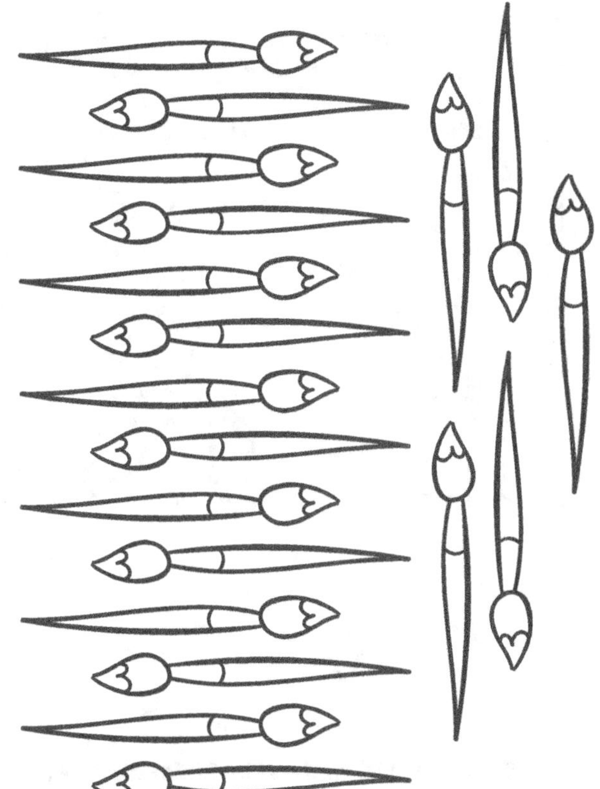

# Twenty

20